O PARTO

Editora Appris Ltda.
1.ª Edição - Copyright© 2019 dos autores
Direitos de Edição Reservados à Editora Appris Ltda.

Nenhuma parte desta obra poderá ser utilizada indevidamente, sem estar de acordo com a Lei nº 9.610/98. Se incorreções forem encontradas, serão de exclusiva responsabilidade de seus organizadores. Foi realizado o Depósito Legal na Fundação Biblioteca Nacional, de acordo com as Leis nos 10.994, de 14/12/2004, e 12.192, de 14/01/2010.

Catalogação na Fonte
Elaborado por: Josefina A. S. Guedes
Bibliotecária CRB 9/870

F383p
2019
	Ferreira, Antenor da Silva
	    O parto / Antenor da Silva Ferreira.
	  - 1. ed. – Curitiba: Appris, 2019.
	    59 p. ; 21 cm – (Artêra)
	
	    ISBN 978-85-473-4042-1
	
	    1. Ficção brasileira. I. Título. II. Série.
	
	                                          CDD - 869.3

Appris editora

Editora e Livraria Appris Ltda.
Av. Manoel Ribas, 2265 – Mercês
Curitiba/PR – CEP: 80810-002
Tel. (41) 3156 - 4731
www.editoraappris.com.br

Printed in Brazil
Impresso no Brasil

Antenor da Silva Ferreira

O PARTO

FICHA TÉCNICA

EDITORIAL	Augusto V. de A. Coelho
	Marli Caetano
	Sara C. de Andrade Coelho
COMITÊ EDITORIAL	Andréa Barbosa Gouveia (UFPR)
	Jacques de Lima Ferreira (UP)
	Marilda Aparecida Behrens (PUCPR)
	Ana El Achkar (UNIVERSO/RJ)
	Conrado Moreira Mendes (PUC-MG)
	Eliete Correia dos Santos (UEPB)
	Fabiano Santos (UERJ/IESP)
	Francinete Fernandes de Sousa (UEPB)
	Francisco Carlos Duarte (PUCPR)
	Francisco de Assis (Fiam-Faam, SP, Brasil)
	Juliana Reichert Assunção Tonelli (UEL)
	Maria Aparecida Barbosa (USP)
	Maria Helena Zamora (PUC-Rio)
	Maria Margarida de Andrade (Umack)
	Roque Ismael da Costa Güllich (UFFS)
	Toni Reis (UFPR)
	Valdomiro de Oliveira (UFPR)
	Valério Brusamolin (IFPR)
ASSESSORIA EDITORIAL	Alana Cabral
REVISÃO	Andrea Bassoto Gatto
PRODUÇÃO EDITORIAL	Lucas Andrade
DIAGRAMAÇÃO	Bruno Ferreira Nascimento
CAPA	Fernando Nishijima
COMUNICAÇÃO	Carlos Eduardo Pereira
	Débora Nazário
	Karla Pipolo Olegário
LIVRARIAS E EVENTOS	Estevão Misael
GERÊNCIA DE FINANÇAS	Selma Maria Fernandes do Valle

Dedicado a Janete Lopes, professora amorosa que me ensinou a amar o meu lugar e me amou com a ternura de uma mãe, não só a mim, mas a muitos outros amazonenses, seus alunos.

APRESENTAÇÃO

Este livro surgiu como um filho tardio. Ligado às letras desde a infância, fui levado, no entanto, pelas circunstâncias da vida, a militar na esfera política partidária como resultado da minha formação em Sociologia, e abandonei por alguns anos a escrita literária. Estava distraído quando uma série de eventos pessoais me trouxe de volta ao desejo de escrever versos, e eis que surgiram estes pequenos poemas.

Trata-se de uma poesia intimista, escrita em primeira pessoa, no intuito de que, se porventura alguém a quiser recitar num momento especial, poderá fazê-lo como se fosse sua. Além disso, considero o recrudescimento da individualidade na pós-modernidade um aspecto que se mostra propício para o partilhar das experiências mais íntimas, as quais, ao final, são semelhantes em todos os humanos.

Escritos no final dos anos de 1990, estes pequenos poemas resultam da troca de experiências e de histórias reais, vividas por amigos e por mim mesmo, que me levaram a concluir que eles deveriam ser conhecidos de outros, pois o apaixonar-se por alguém é algo universal e é uma experiência que produz no ser humano as mesmas reações, de modo que tenho a convicção de que acharei guarida entre aqueles que se abrem, sem medo, para o amor.

O que o leitor tem em mãos é um derramar de emoções verdadeiras, próprias daqueles que estão dispostos a se entregar para o outro com todo o vigor que lhes reste após os desertos a que foram submetidos e cruzaram, ou nem tanto, mas que querem existir no coração do outro.

PREFÁCIO

Conheci Antenor Ferreira ainda um menino, em 1988, como aluno do ensino médio, na Escola Marquês de Santa Cruz, em Manaus. Fui sua professora de Língua Portuguesa e Literatura Brasileira. Surpreendi-me com ele ainda nas primeiras ocasiões em que o encontrei, quando ele veio me apresentar uma série de versos decassilábicos, ao estilo Olavo Bilac. Jovem demais para tanta profundidade! Reconheci o potencial diante de mim imediatamente, porém não consegui convencê-lo a publicar e nem sei o que ele fez com aqueles lindos poemas.

Os dias eram difíceis para ele naquele tempo. Menino oriundo dos beiradões do Amazonas, tinha ambição de estudar, queria vencer, mas lhe faltavam os recursos financeiros. Com a ajuda de amigos conseguiu chegar ao final do ensino médio. Os mesmos amigos realizaram uma publicação, pela Imprensa Oficial do Estado do Amazonas, de um apanhado de poemas, e foi só. Depois disso ele sumiu da minha vida.

Fui tomada de surpresa ao receber o material deste belo livro. Após tantos anos? O que teria levado aquele menino talentoso, hoje um homem maduro, a abrir o baú e deixar-nos ver o que havia lá dentro? Creio ter encontrado as respostas nas próprias linhas que temos em mãos. Antenor achou o seu caminho de terra por onde se derrama o rio de sua vida. O amor acha os seus caminhos para se fazer conhecido. E um amor verdadeiro não é apenas de um, é de todos! Creio que isso o convenceu a publicar este pequeno livro.

Este livro é um derramar de ternura. Um amor estonteante, vívido, intenso, profundo, causou-o, de modo que estes versos são verdadeiros. A cada linha que li, encontro um coração que se doa em plena verdade. Não há frustração, há ansiedade para que a noite seja breve e, assim, a luz da manhã lhe traga aos braços aquela que ressignificou a sua vida e que o fez retornar às canções e às letras.

Uma coisa não mudou após todos esses anos. Desde os primeiros versos, Antenor escreve em primeira pessoa, ainda que nos contando uma história que não viveu pessoalmente. Ele gosta de dizer que faz parte de uma Escola Intimista de Poesia. Porém, deparei-me com algo novo, a devoção à sua terra natal presente agora nalgumas linhas. Ao tempo em que o conheci havia em seus olhos um desejo imenso de partir e conhecer outras paragens. Teria ele realizado o seu desejo e percebido que o seu lugar é o melhor lugar do mundo? Creio que sim, pelo menos é isso que lemos no poema que encerra esta obra grandiosa.

Da distância de quem nunca o esqueceu, recomendo este pequeno livro a todos os que amam sem medo.

J. L.

SUMÁRIO

O PARTO 13

LONGE E PERTO 15

O MAR 16

JUSTA MEDIDA 17

MAIS UMA VEZ 18

AINDA QUE NUM
BREVE INSTANTE 19

VERDADES 20

MARCAS 21

RISO À TOA 23

RECOMEÇO 24

RETRIBUIÇÃO 25

A FÚRIA 26

SE ME FALTARES 27

ÍCONE 28

EM FEBRE E LUME 29

PELAS RUAS 31

CAMINHO
DE TERRA 33

VAGAR
E MUDEZ 34

ROUXINOL
NOTURNO 35

BOCA AMARGA 36
PRESENÇA
CONSTANTE 37
PRÍNCIPE E LADRÃO 38
HOMEM COMUM 39
RIO DE
AMOR CABOCLO 40
ENTRE A COR
E O NADA 41
POR NÃO SABER 42
PRA TE TRADUZIR 44
COMO UM RIO 46
PORTA AFORA 47
ABRIL CHUVOSO 48
TRADUÇÃO 49
RASCUNHO 50
QUANDO TE VEJO 51
NUTRIÇÃO 52
FOTOGRAFIA 53
PAZ 54
CANTO
& ENCANTO 55
ROSE 56
ACRÓSTICO
E SAUDADE 57
NEGRO
COMO A NOITE 58

O PARTO

Quando vi o sol invadindo a casa
Meu coração partiu-se e pariu um verso
E minha vida ficou mais leve
Mais branda
E mais cheia de graça

Quando vi a chuva encharcando os prados
Meu coração partiu-se e pariu um sonho
E minha vida ficou mais clara
Mais firme
E mais cheia de graça

Quando vi a noite gerando o dia
Meu coração partiu-se e pariu uma paixão
E minha vida ficou mais densa
Mais colorida
E mais cheia de graça

Quando vi o fogo consumindo a carne
Meu coração partiu-se e pariu um desejo
E minha vida ficou mais bela
Mais sensual
E mais cheia de graça

Quando vi o sal se misturando à seiva

Meu coração partiu-se e se deu a ti
E minha vida ficou mais minha
Mais tua
E mais cheia de graça.

LONGE E PERTO

Longe de ti
Imagino coisas, busco
Lugares sombrios
Iludo-me com as estrelas
Ando perdido
Não enxergo as cores

Perto de ti
Rio da tristeza
Ordeno meus passos
Corro sobre as nuvens
Onde está você agora?
Preciso urgente do teu hálito
Instigando meus ouvidos
Ordenando meus sentidos.

O MAR

O mar...
O mar é pequeno se não preciso
Atravessá-lo para ver-te

A luz...
A luz é vaga
Se não preciso dela para ver-te

A cor...
A cor é vã
Se não necessito defini-la para ver-te

O amor...
O amor é tudo
Se contigo estou em luz, em cor e versos reluzentes.

JUSTA MEDIDA

Tirei de tua boca o sal e a seiva
Cravei tua mente com a marca do meu tempo
Refiz os contornos do teu riso
Invadi tua alma e o pensamento
Tiraste-me o gosto e o odor de terra
E do meu hálito o ocre do desânimo
Nos meus olhos refizeste a cor e o encantamento
E no meu peito a calma dos meus versos
Hoje, quê te falta além de um espelho mágico?
A mim uma canção que te anuncie
Por tanto amor e luz que me irradias
Falta-me penumbra que nos envolva e meça.

MAIS UMA VEZ

Mais uma vez aqui
E eu me surpreendendo
Com a própria surpresa dita
E explícita em teu olhar

Mais uma vez te tenho
E me desgasto à toa
Nesta ansiedade ingênua
De ti fazer feliz

Mais uma vez você
E eu me derretendo
Nesta noite afável
Por te ter em mim
Mais uma vez.

AINDA QUE NUM BREVE INSTANTE

Parado no meio da noite
Eu te espero
E rio da noite que me envolve
E domina-me
Mas não me rouba de ti

Parado no meio do mundo
Eu te espero
E rio do rio que me lava
E me leva
Mas não me rouba de ti

Parado no meio da vida
Eu te espero
E rio das dores que me ferem
E me ensinam
Mas não me roubam de ti

Parado na vida, na noite do mundo
Eu te espero
E rio do vento que me rasga
E me depura
E só me traz para o curso
Deste caminho infindo
Construído em ti e em mim.

VERDADES

Tenho pra você
Um turbilhão de palavras
E emudeço sempre –
Surpreendo-me contigo
E me esquivo de viver
Sozinho novamente

Tenho pra você
Uma canção sem notas
Que emudece sempre –
Surpreendo-me contigo
E me desnudo inteiro
Diante dos teus olhos

Tenho pra você
Um coral de mil vozes
Que emudece quase –
Surpreendo-me contigo
E só consigo dizer-te
verdades.

MARCAS

Trago no meu peito
as marcas do meu tempo
Eu, que sempre fui andante
inconstante e passageiro
tenho ainda nos olhos
aquela lágrima nua.

Ainda fujo da escola
pra ver os navios partirem
e sentir um pouco de saudade
nos olhos daqueles que ficam
e contemplar o adeus
naquelas mãos espalmadas.

Sou ainda criança tenra
escondendo de mãos às costas
aquela ideia de partir...
E corro ainda pra ver aviões
marcando meu céu azul
com distâncias infinitas.

Trago ainda na testa
aquela ruga faceira
que te lembra Tom Jobim
E canto aquela canção

bebendo do mesmo vinho
rindo de mim vez a vez.

Estou cansado, apesar do vento
que me rasga a memória
revelando meus anseios antigos
Não há mais quadrinhos a colorir
e o que me resta jaz em tons cinzas
pardos, silenciosos, indecisos.

Trago ainda no peito
a marca do meu sonho
a cor do meu tempo
o sabor do teu sorriso
a flauta do meu desejo
e as angústias das minhas distâncias.

A estrada ainda não terminou
apesar de você, dos passos vacilantes,
do coração selvagem,
apesar de tudo, de mim,
do extermínio da razão,
apesar de sei lá o que...

RISO
À TOA

Rasguei as nuvens
que me cobriam a face
e colori meu mundo,
que de tanto amor
o descobri fecundo,
que de tanta vida
se rompia fácil,
que de tanta ausência
se fechava em copas,
que por tua presença
fica rindo à toa.

RECOMEÇO

Amei demais
Vivi de menos
Ganhei o mundo
Perdi-me todo
Refiz-me tanto
Construí em nada
Esqueci o caminho
Fiquei sem volta
Em meio a tudo
Apareceu teu riso
Enfeitando a boca
Que me sacia a sede
E novamente sou
Ainda que hesitante
um recomeço
Ainda que tardio
Eu sou por ti
Um novo dia
Um re...
Um...

RETRIBUIÇÃO

Dá-me uma palavra amiga
Que te darei meus caminhos
Dá-me um olhar meigo
Que te darei meus sons
Dá-me um sorriso farto
Que te entregarei meu destino
Dá-me uma vez mais teu amor
Que me farei teu servo
Dá-me um pouco mais de ti
e nos tornaremos um só.

A FÚRIA

A fúria que me invade
O coração dilacerado
O azul celeste amado
A cor que persuade
O tom que me alucina
A ilusão que me assusta
A manhã que me ensina
O sabor da fruta
O espaço e a brita
A hora sempre curta
A oração que sublima:
Você, sempre, você

Sem nenhuma dúvida.

SE ME FALTARES

Se me faltares
morro, senão vegeto
aquela luz que outrora
havia na cor
que reluzia
não por querer
ou força
mas porque se fazia
na palavra doce
que me fez ver
o mar e a cor
o rosto irisar
e refazer
a paz e o som
do amor
que me disseste
ter.

ÍCONE

A tua imagem
me balança o peito
a cada instante de lucidez
A tua voz
me refaz o tino
a cada lua de embriaguez
A tua presença
me assusta um pouco
a cada ânsia de insensatez
É a tua imagem
na voz fremida por timidez
que me descobre
neste instante árduo
de ser feliz

mais uma vez.

EM FEBRE
E LUME

Se te tenho
em parte
ou ao todo
um mar
de luz
e cor
refaz meu riso
e parte a cruz
em todo o gás
e líquido
e eu corro
alado
em risos
francos
imprecisos
e tenho em ti
sabores
incontidos
nas papilas
de ternuras
encharcadas
e sonho
desejos reprimidos
e jaz em mim

perfeita e livre
encaixada e firme
rarefeita no beijo
que redime
e faz de mim
areia movediça
que te engole
e assume
a criação do ser
que somos nós
em febre e em lume
em tom magnífico.

PELAS RUAS

Pelas noites te procuro
Eu te caço
Mas teu coração selvagem
Dissolve-se pelas ruas

Às vezes provo teu corpo
Consumido em juventude
Mas tua boca é vã
E tua madrugada fútil

Ando à toa
Quando te busco
Pois teu riso é mudo
Teu lugar incerto
Tua presença vaga

Assusta o brilho
Dos teus olhos infantis
Quando te refugias no escuro
Quando ressurges sem avisar
Quando te acompanho no que der
E no que vier talvez

Não sei te ter

Nem te abandonar
Nem te perder
Resta-me esperar, contudo, talvez.

CAMINHO DE TERRA

Meu corpo se derrama
sobre o leito esmaecido
Meu espírito se desnuda
no vagar das horas
Tua ausência se transmuda
num oceano de saudade
a esfacelar meu riso
a robustecer meu abandono
Só um sorriso teu me basta
Um gesto teu me salvaria
Uma única ponta de olhar
e eu seria um novo homem
No quarto em silêncio
sob a penumbra
meu corpo cobra teu calor
e o meu espírito o afago das mãos
que me trazes sempre atentas
És para mim, um caminho de terra
por onde se derrama o rio da minha vida
e os sabores do meu espírito andarilho
Onde está você que não me aquece?

VAGAR E MUDEZ

Como não perceber tua ausência
nestas horas tantas?
Como permanecer imune
nestas horas vagas?
Como não sentir desânimo
nestas horas mudas?
Como não sentir saudade
nestas horas francas?
Como viver tantas horas
nestas horas lentas?
Como não sofrer distância
nestas horas cheias
de vagar, de mudez, de saudade,
de ausência de tudo?
Onde está você agora?

ROUXINOL NOTURNO

Eu sequestrei um verso
pra te conquistar
Fiz-me criança
sob tua janela,
um rouxinol noturno
fiz-me para te amar,
uma graúna, um seresteiro,
um boêmio andante.
Eu me tornei você
a cada canção em serenata
eu Romeu, tu Julieta
de um amor caboclo
que nem mesmo a vastidão
do verde que nos invade
é capaz de sepultar.

BOCA
AMARGA

Uma vez comigo
E já não querias o vinho
Porque sorvias água fresca em minha boca
Uma vez comigo
E já não deliravas
Porque te agarravas na minha razão
E te embriagavas nos meus versos.

Agora que partiste
Não refazes o caminho
Porque roubei tua direção
Eu sequestrei teu riso
E arranquei das mãos
Aquela corrente que te prendia a mim.

Ainda estou aqui
Mas a boca amargou
E eu agradeço a loucura
De rejeitares o meu amor.

PRESENÇA CONSTANTE

Ainda soa em mim
O som do teu sussurro
E ecoa n'alma teus gemidos
Ainda vives, e isso basta.
Uma janela se abriu
Na escuridão desértica
Do meu peito cansado
Carcomido pelo tempo.
Agora o que possuo
É teu sorriso a irisar meu rosto
E como Fênix
Ressurgir-me de mim.
Ainda soa em mim
A música do nosso tempo
E ecoa n'alma os teus gemidos,
Sei que és tu, e quem tu és,
isso me basta.

PRÍNCIPE E LADRÃO

Andei por caminhos tortuosos
vitimado pelo amor
Por tanto que recebi
penso que nasci pra ser amado
mas somente isso, assim,
retalhado em partes
como príncipe e ladrão.
Despertei sonhos e paixões
Vivi dividido entre amores
mas guardei pouco para mim
e me descobri um infrator
sequestrando mentes e corações.
Agora que te vi
queria passar o tempo
transformar em rio
a gota de sangue que ainda existe
e percebo no relógio um inimigo.
Eu tenho pressa pra te amar
pressa de ficar a sós contigo
porque sinto no ar

a vida se esvaindo.

HOMEM COMUM

Mais um dia nesta solidão
e eu me tornarei o pó
que o vento varre
Mais um dia nesta casa
e me tornarei assim
como alguém que partiu
e voltou sem ânimo
Mais um dia aqui
e eu me tornarei vazio
como o cálice derramado
E não terei mais a dar
Nem a receber tampouco
Serei apenas homem comum
daqueles que batem à porta
e cospem no prato em que comem.

RIO DE AMOR CABOCLO

Agora que sei da tua vida
Permite-me arar teus roçados
Semear amor nos teus Jutais
Agora que sei que te amo
Permite-me pescar em teus canais
E colher os frutos de tua paixão.
És para mim como um rio
Que refresca minha alma sedenta
E respinga ternura ao luar
Como canaranas errantes
Fazes flutuar minha vida
Nesse rio barrento a caminho do mar.
Agora que sei que te quero
Permite-me sossegar teus anseios
Segredando desejos neste mar de amar.

ENTRE A COR E O NADA

Eu que pensei saber viver
Por acreditar conhecer o amor
Tornei-me louco por tentar
Traçar caminhos na razão.
Não amei enganando-me
Que a paixão é para os tolos.
A ciência é pura contradição.
A fé do sábio pelo saber
Não difere do louco pela paixão.
Entre o ser e o nada
Resta o vagar das horas e os delírios.
Entre ser louco ou contraditório
Preferi sangrar o peito por loucura
Endurecer-me em ceticismo
Sem tirar da boca essa ternura.

POR NÃO SABER

Agora que sei quem és
neste amor inundado de saudade
Temo pela brevidade da vida
Temo pela maldade do mundo
Temo pela aridez do caminho
Temo pelo verso que não disse
por pura timidez e espanto
Temo pelo sorriso que não dei
por não compreender exato.

Agora que sei do vazio
que essa distância prova
Temo não saber viver
cada minuto como o único
cada beijo como nenhum outro
Temo por te invadir
Temo por não saber voltar
e te ver crescer de longe
Temo pela canção perfeita
que desejamos juntos
Temo pelo ardor dessa paixão
que me acelera e anima.

Agora que sei que morro

a cada instante mínimo
de ausência da tua boca
Temo pela esperança que sonhamos
e pelos planos que fizemos.
Um amor demasiadamente forte
para tantas noites de abandono
Uma paixão decididamente infrene
para um coração tão cansado
Uma ternura tão em brasa
para minhas mãos tão frágeis ...

Por isso eu temo
E te amo e morro
E me refaço e corro
E grito desesperadamente:
Vem ficar comigo.

PRA TE TRADUZIR

Pari um verso
Pra dizer-te adeus
E agora sofro
Pari um sonho
Pra te conquistar
E agora choro
Pari um desejo
Pra te realizar
E agora fujo.

Não tenho o gênio
Daquele navegante
Mas inda está comigo
Aquele velho navio.

Pari um remanso
Pra te tragar
Na minha solidão
E agora és forte
Rijo como aquele verso
Que te fez chorar um dia
Naquela tarde fria
Em que deixei tua vida
Pari uma canção

Pra te traduzir
E me feri nas curvas
Daquele rio medonho
Rio Negro e manso
Rio medonho e lindo
Rio de mim e de ti
Que és somente fagulha
Do que desejamos ser
Mas nos amamos
E pra tanto não tenho que parir
mais nada.

COMO UM RIO

Se me derramo ávido
É porque já fui deserto
E teu amor singelo
Umedeceu meus lábios.

Se me derramo tanto
É porque já provei de ti
E a lucidez do teu perdão
É vasta como tua alma.

Se me derramo todo
É porque teu corpo miúdo
Esconde um espírito livre
Que me seduz e aquece.

Se me derramo sempre
É porque já não temo
E "se me faltares
Nem por isso eu morro"
Pois o que eu vivi é ganho.

PORTA AFORA

Preciso sair porta afora
Preciso deixar este quarto
Antes que seja tarde
Antes que o amor me mate
Preciso te ver de novo
Preciso tocar teus seios
Antes que a paixão me afunde
Nesse mar de ânsias e saudade
Preciso tocar o sol que arde
Nessa manhã menina
Precocemente fertilizada
Antes que seja a tarde
Antes que o amor me arrase
E meu espírito se desmanche
E caia de si, de ausência, vitimado.

ABRIL CHUVOSO

Você está presente em mim
A cada novo tom da melodia.
A cada nova manhã
Eis que ressurges
Como um abril chuvoso
Tu me invades
E me alagas de paixão
Irrigando minhas terras nuas.
São águas profundas
Que recobrem minha aridez
São gotas de seiva e vida
Partículas desse rio de amor
Que me renova e lava.
Teu amor, teu riso, teu perfume.

TRADUÇÃO

Um verso não dito:
Teu amor
Uma canção inédita:
Teu sorriso.
Como cavaleiro andante
Eu te procuro
Na alma tento te compor
E te traduzir.
Um dia quem sabe
Num instante lúdico
Numa manhã liberta
Vislumbre tua essência
Então direi a palavra certa
E morrerei exausto
Na felicidade de desnudar-te
Num verso silencioso e pleno.

RASCUNHO

Primeiro a manhã
A transmutar no peito
A cor da solidão noturna
Que se esvai sob a luz.
Depois o som
Que retine no peito
O ardor infrene
Da saudade.
Por fim o ser desnudo
Repulsando a arte
E o ardor da angústia.
Dia após dia
O mesmo verso
A mesma solidão
O mesmo caminhar
A mesma rua suburbana
Os mesmos cães sarnentos
Os mesmos galos e os mesmos quintais.
Nascer prematuro e morrer jovem
Em tudo melhor que isso.

QUANDO TE VEJO

Quando vejo a madrugada
Parindo silenciosa ao dia
Assusta-me os músculos retesados
E o desânimo de estar só.
Um quadro tremulante na memória
Colore-me de saudade a íris.
Nessa manhã que nasce
De ti tenho uma distância árida
Burilando meu espírito
Em cortes profundos.
Sou apenas um menino
Que te procura na penumbra
Uma criança carente de cuidados.
Neste quarto que amanhece
Fico assim, internado em mim
Por toda a vida
Até encontrar teu vulto
Que corporifica a felicidade
Que semeia amor no meu deserto.
Então rio de mim
Como o inocente ri do fogo
E sou só paixão quando te vejo.

NUTRIÇÃO

O temor que corrói o espírito
Também torna árido o chão
De onde a planta do amor
Retira sua seiva

A incerteza que varre a alma
é vendaval que revira a terra
onde cresce o amor
e que portanto se dilacera

Se quiseres viver confia na palavra
Não nas que ouves lá fora
Mas que a tua alma sussurra
No silêncio da alcova

Pois se teus olhos te enganam
Teus impulsos te perturbam
Teus protetores proclamam
No silêncio da noite
A paz que procuras.

FOTOGRAFIA

Prendi tua alma
neste espaço mínimo
Quebrei o tempo
Sequestrei teu riso
Capturei tua juventude
Quis não esquecer teu rosto
e guardar comigo
a essência dos teus olhos
Sentir saudade
e tristeza e ânsias
Viver contigo
onde quer que esteja.

PAZ

Pasmar-se frente ao riso
Antes que a sofreguidão
Zumbindo pela dor

Perpetue a zanga
Amarga da descrença
Zona mórbida do ser

Perdão, ainda que tardio
Amor, como ninguém viu
Zunindo na visão

Perdido na tarde anil
Amor perdido de paixão
Zombando da solidão e do medo.

CANTO
& ENCANTO

Meu canto se vestiu de encanto
Quando reencontrei teu vulto alvissareiro.

Encantado se tornou meu canto
Quando te abriguei de desencanto passageiro.

Do mundo retornei ao canto
Onde nasci pro mundo, só pra te rever.

Mulher que sem temer o mundo
Fez do próprio canto lugar de viver.

E agora que te tenho à vista,
Canto e refaço o encanto de te pertencer.

ROSE

Como um dia findo
Numa tarde fria
Quando os céus gotejam
Aquelas gotas ínfimas
Que nos enchem de incertezas
Assim me sinto quando penso em ti
Aqui, tão incrustada no meu peito
Mas tão distante do meu toque.
Careço de ti a qualquer tempo,
Mas principalmente em percebendo
Essas distâncias amazônicas
A roubar nossos abraços.

ACRÓSTICO
E SAUDADE

Resisti há mais um dia sem ti, embora
o meu coração me diga que
somente passei pelas horas
e não vivi.

Rompi a madrugada buscando
o segredo do teu encanto,
senti o frio da saudade
e voltei a mim.

Repetidas vezes tu me invades,
onde menos espero tu estás,
sei que isso é amor
e isso é tudo o que eu quero te dar.

NEGRO
COMO A NOITE

Olho tuas águas como um caminho.
Tuas águas não me separam, elas me unem!
De um lado e outro nas tuas margens
Pulsam corações molhados, embebidos de frugalidade.
E eu que sou levado por ti,
Também sou enxaguado e renovado nos teus seios.

Tuas águas não me assustam, concentram-me!
É no teu leito que me deito e me oriento,
Norte e sul me causam estranhamento.
Eu penso em ti e me confirmo em tuas barrancas,
Se vou "pra cima ou para baixo",
Se luto contra a correnteza
Ou se deslizo nelas meu destino.

Meu rio, meu rio, minha vida de distância infinda...